Servietten
kunstvoll falten

Aufrecht stehende Formen

Spitztüte	46
Noblesse	48
Einfacher Fächer	50
Bogenfächer	52
Schneeglöckchen	54
Strelitzie	56
Igel	58
Solitär	60
Luxor	62
Ente	64
Schnabelschuh	66
Lilie	68
Stiefel	70
Peel off	72
Tea for Two	74
Bischofshut mit Doppelrand	76
Einfacher Pfau	78

Servietten mit Dekomaterial oder Accessoires

Libelle	80
Falter	82
Fassile	84
Feenhut	86
Teufelchen	88
Smoking	90
Hase	92
Medaillon	94
Chapeau	96
Stäbchen	98
Eisvogel	100

Hochwertige Servietten

Gefalteter Serviettenring	102
Etui	104
Spitzfächer	106
Romain	108
Flügelhaube	110
Schwanensee	112
Blatt	114
Tulpe	116
Tropic	118
Seerose	120
Kornblume	122
Doppelter Pfau	124
Bleistift	126

LIEBE LESERIN, LIEBER LESER

Es gibt vieles,
an das man gerne zurückdenkt, und häufig sind es gelungene Feste im Familien- und Freundeskreis, die sich dem Gedächtnis einprägen. Oder die Erinnerung an ein köstliches Essen am Ferienort, die uns wieder in Urlaubsstimmung versetzt. Meist wissen wir auch noch genau, was es bei diesen Gelegenheiten zu essen gab, obwohl es vielleicht nicht einmal etwas Außergewöhnliches war. Dagegen hätten wir wahrscheinlich Mühe zu sagen, wie der Speisezettel der letzten beiden Wochen aussah.

Schwierig ist es nicht,
den Grund dafür zu finden. Man braucht nur ein Beispiel zu nehmen, etwa die Freundin, die, von ihrer Fernreise inspiriert, zu einem japanischen Essen einlädt, bei dem einfach alles stimmt – von den Speisen über die schwarzen, glänzenden Reisschalen bis zu den heißen, feuchten Tüchern, die den Gästen zur Erfrischung gereicht werden. Zwar sitzt man mit Rücksicht auf die Kniegelenke auf Stühlen, aber sonst ist die Illusion perfekt.

Deswegen wird man sich auch in einigen Jahren noch immer an diese Geburtstagsfeier erinnern. Denn der Mensch isst ja bekanntlich auch mit den Augen, und hier hat man es verstanden, alle Sinne anzusprechen.

Und darum geht es in diesem Buch: um das, was dazugehört, damit nicht nur das Essen, sondern auch das ganze „Drumherum" stimmt. Das beeinhaltet beispielsweise die richtige Auswahl und Kombination von Tischwäsche und Geschirr, den perfekten Aufbau eines Gedecks und nicht zuletzt die Einbeziehung der Serviette in die Tischdekoration.

Im 17. Jahrhundert
wurden schon Servietten „zum Schmuck der Tafel kunstvoll gefaltet", und 1894 erschienen gleich zwei Werke zum Thema: *Der festliche gedeckte Tisch* sowie ein *Illustriertes Serviettenalbum*. Die gepflegte Tischkultur ist also nicht neu, aber so verbreitet wie heute war sie wohl nie.

Eine kleine Umfrage unter Jugendlichen ergab sogar, dass auch sie die Serviette zuerst als Dekorations- und Gestaltungsmittel sehen; der rein praktische Zweck rangiert dagegen unter „ferner liefen". Vielleicht ist es eine Reaktion auf Fastfood im Pappgeschirr, Selbstbedienungsrestauránts und Stehcafés.

Die Tisch- und Esskultur erlebt heutzutage eine große Renaissance; man legt wieder Wert auf gepflegte Gastlichkeit und auf einen schön gedeckten Tisch. Dazu gehört auch die Serviette, kunstvoll gefaltet, aus Stoff oder Papier, als besonderer Blickfang.

Dem Trend entsprechend

bietet dieses Buch viele Anregungen für individuelle Tischgestaltung. Alle Beispiele wurden mit Stoffservietten gefaltet, die meisten sind aber auch mit Papier- bzw. Vliesservietten möglich. Stoffservietten sollten vor dem ersten Gebrauch gewaschen werden; leicht gestärkt halten sie die Form besser. Beim Bügeln muss darauf geachtet werden, dass sie sich nicht verzieht und dass alle Ecken rechtwinklig sind. Oft kann man aber kleine Unregelmäßigkeiten beim Falten ausgleichen.

Lässt sich mit einem bestimmten Material keine aufrecht stehende Form falten, wählt man eine liegende, statt Kunstgriffe zu versuchen: Stecknadeln, Kleber oder Klebestreifen haben hier nichts zu suchen. Dekorationsmaterial und Serviettenringe sollten möglichst in die Gestaltung mit einbezogen werden und müssen auf dem Tisch Platz finden, wenn sie beiseite gelegt werden.

Lassen Sie sich also von den Vorschlägen auf den folgenden Seiten inspirieren. Manches sieht kompliziert aus, ist jedoch mithilfe der Fotos und der Schritt-für-Schritt-Erklärungen leicht nachzufalten. Der Erfolg Ihrer nächsten Einladung wird die kleine Mühe lohnen.

DIE ESSKULTUR IM WANDEL DER ZEIT

Auf dem korrekt gedeckten Tisch darf heute die Serviette nicht fehlen. Das war jedoch nicht immer so. Esskultur und Tischsitten haben sich im Laufe der Geschichte verändert. Was einst Privileg der Reichen und Mächtigen war, ist jetzt für jeden selbstverständlich.

Solange die Menschen ein Nomadendasein führten, aßen sie die Beeren und Wurzeln, die sie sammelten, gleich an Ort und Stelle. Hin und wieder erlegten sie ein Tier, das sie roh verzehrten. Erst mit der Entdeckung des Feuers wurden sie wohl sesshaft, denn das schwer zu entfachende Feuer, das auch nachts vor wilden Tieren schützte, musste gehütet werden, und mittragen konnte man es nicht. Und die Feststellung, dass über dem Feuer gebratenes Fleisch viel bekömmlicher war und auch besser schmeckte, brachte möglicherweise die ersten Anfänge der Esskultur.

Zum Braten wurde das Fleisch aufgespießt und mithilfe von zwei Astgabeln über das Feuer gehängt. Damit man sich nicht die Finger verbrannte, musste man das Fleisch entweder abkühlen lassen oder mit einem Fellstück oder dicken Blättern anfassen. Von der Geburtsstunde der Serviette zu sprechen, wäre wohl etwas zu weit hergeholt. Aber so könnte es gewesen sein …

Das Essen war zu allen Zeiten neben der notwendigen Versorgung des Körpers mit Nährstoffen immer auch ein Anlass zur Geselligkeit. Die Römer nannten ihre Bankette *convivium*, was so viel wie zusammenleben bedeutet, und stellten damit den gesellschaftlichen Aspekt in den Vordergrund. Cicero versuchte seinen Freund Paetus zur Teilnahme an einem Bankett zu überreden, indem er das Essvergnügen als nur zweitrangig darstellte. Für ihn waren die Geselligkeit, die geistige Erholung sowie die Gelegenheit zu angenehmer Konversation das Wichtigste.

Ganz anders die Griechen, die ihre Festmahle *syndeipnion* (zusammen essen) nannten. Besteck war nicht üblich, deshalb benutzten die Griechen schon Servietten. Meistens bekam jeder zwei, eine für den Mund und eine für die Hände.

Im 14.–16. Jahrhundert, dem Zeitalter der Renaissance, bedeutete eine Mahlzeit die Befriedigung verschiedenster Bedürfnisse. Die

Gaumenfreuden und der Intellekt sollten gleichermaßen angesprochen werden.

Im Lauf der Geschichte veränderte sich auch die Tischkultur. Vor allem für die Wohlhabenden und Herrschenden war die Art und Weise, wie eine Mahlzeit eingenommen wurde, auch gleichzeitig Statussymbol. Damit konnten sie ihren gesellschaftlichen Rang demonstrieren und sich vom gewöhnlichen Volk deutlich abgrenzen.

Geschichtsbücher und Überlieferungen erzählen natürlich in erster Linie von den Festmahlen, und die täglichen, einfacheren Mahlzeiten werden kaum erwähnt. So hat man beispielsweise anhand der Grabbeigaben einer ägyptischen Adligen herausgefunden, dass ein Festmahl um etwa 2800 v. Chr. aus zehn Fleischsorten, 16 verschiedenen Backwaren, sechs Weinsorten, vier Biersorten und elf Sorten Obst bestand. Über den Verlauf solcher Mahlzeiten ist nicht viel bekannt, aber die Wandmalereien mit den Darstellungen

Der perfekt gedeckte Tisch im Mittelalter auf einer um 1470 entstandenen Miniatur.

von Tänzerinnen und Flötenspielerinnen in vermutlich durchsichtigen Gewändern lassen darauf schließen, dass auch die Unterhaltung nicht zu kurz kam.

Von der griechischen Tischkultur ist mehr überliefert. Bis zum 5. Jahrhundert v. Chr. waren die Mahlzeiten sehr einfach und bestanden in der Hauptsache aus Brot und Wein, Breigerichten, Oliven und ein wenig Fleisch. Man saß jetzt am Tisch, der Gebrauch von Besteck war jedoch immer noch unbekannt.

Aufgrund verschiedener Einflüsse aus Sizilien und Kleinasien entstand allmählich eine andere Tischkultur. Die Männer lagen nun meist zu zweit auf so genannten Tischbetten, die so hoch waren wie die Tische, und stützten sich dabei auf den Ell – für unsere heutigen Begriffe wohl keine sehr bequeme Haltung. Da hatten es die Frauen besser: Sie konnten nach wie vor auf Stühlen am Tisch sitzen. Um die Suppe zu schöpfen, gab es einen Löffel, oder man

Sein Name wurde zum Synonym für perfekte Manieren: Adolf Freiherr Knigge.

schöpfte sie mit einem ausgehöhlten Stück Brot, mit dem man auch die Hände abwischte. Statt Wasser und Handtuch gab es parfümierten Ton.

Die Römer liebten es, ihre Hände an den Haaren ihrer Sklavinnen abzutrocknen. Sie kannten jedoch auch schon den Gebrauch von Servietten (*mappa*) und Fingerschalen. Ihre Tischkultur beschwört das Bild fülliger Senatoren herauf, die sich, auf Liegen gebettet, unvorstellbare Essensmengen einverleibten. Die Wohlhabenden ließen sich in Sänften von einem Gelage zum nächsten bringen. Oft konnte man nicht mehr feststellen, was man aß, weil der Geschmack der Speisen durch exotische Gewürze, übermäßig viel Honig und kandierte Früchte verfälscht wurde. Wichtig war vor allem die Darbietung der Gerichte. Kein Wunder, dass in spätrömischer Zeit der Gebrauch der Pfauenfeder üblich war. Damit kitzelte man den Mageninhalt wieder heraus, um Platz für die nächste Mahlzeit zu schaffen.

Unsere Vorfahren, die Germanen, waren ein stolzes Volk und bekannt dafür, in Verbindung mit einer Mahlzeit Verhandlungen zu führen und Verträge zu schließen. Oberstes Gebot war, den Teller leer zu essen und den Becher leer zu trinken. Bei einem Festmahl im Herrscherhaus wurden die Tische mit einem glänzenden Tuch aus Leinen gedeckt, das immer von der Hausfrau selbst gewebt worden war, auch wenn es sich um die Königin handelte. Deshalb sollte auch jedermann peinlich darauf achten, dass das wertvolle Stück ohne Flecken blieb. Die Strafe für das Beschmutzen des Tischtuchs war, ein langes Lied zu singen. Die Frage stellt sich, wer wohl am meisten damit bestraft wurde. Es ist aber anzunehmen, dass die Darbietung willkommen war, denn nichts liebten die Germanen so sehr wie Fröhlichkeit und Gesang bei Tisch.

Im Mittelalter wichen die recht rauen Sitten allmählich gepflegteren Tischmanieren, als im 11. Jahrhundert auch die Damen an den

Eine feuchtfröhliche Runde älterer Herren zeigt dieses Gemälde aus dem späten 19. Jahrhundert.

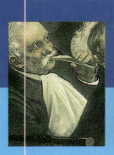

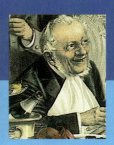

Mahlzeiten teilnehmen durften. Zunächst saßen Frauen und Männer getrennt am Tisch, doch bald setzte sich die „bunte Reihe" durch. Jeder Ritter nahm neben seiner Tischdame Platz; beide aßen meist gemeinsam von einer Schüssel und tranken aus einem Becher.

Man aß in der Regel mit den Fingern, und vor und nach dem Essen wurden die Hände gereinigt. Dazu reichte ein Diener eine Schale, während ein zweiter dem Gast Wasser aus einem Krug über die Hände goss. Die Tücher zum Abtrocknen trugen die Diener um den Hals. Tischtücher gab es zu dieser Zeit kaum, von Servietten, die erst im 14.–15. Jahrhundert eingeführt wurden, ganz zu schweigen. Für den Hausherrn, seine Familie und die Ehrengäste, die oft erhöht saßen, wurde manchmal ein Tuch an der Tafel angebracht, an dem sie Hände und auch Mund abwischten, denn es galt als äußerst unschicklich, mit fettigem Mund aus dem Becher zu trinken. Keinesfalls durften Augen und Zähne damit gereinigt werden, und überhaupt nicht statthaft war es, ins Tischtuch zu schneuzen.

Aus dieser Zeit stammt auch die Wendung „die Tafel aufheben". Diese bestand damals aus Holzbrettern, die auf Böcke gelegt wurden. Nach dem Essen wurden die Bretter einfach „aufgehoben" und von den Dienern mitsamt Geschirr und Essensresten weggetragen.

Die Gabel, als Attribut des Teufels verpönt, war als Küchengerät schon längst bekannt, als Essbesteck wurde sie jedoch zunächst ausschließlich in Byzanz verwendet. Im 16. Jahrhundert wurde die Gabel von Heinrich III. aus Venedig mitgebracht und zunächst als Vorlegegabel beim französischen Hof eingeführt. Erst am Hof des Sonnenkönigs, wo jeder stets Handschuhe trug, wurde sie dann auch zum Essen benutzt. Man nahm nun in einem separaten Raum die Mahlzeit ein. Der Tisch wurde mit weißem Leinen gedeckt; edles Porzellan, Silberbesteck und Servietten waren obligatorisch.

Mit der Zeit wurden die Gepflogenheiten des Adels vom Bürgertum nachgeahmt, das besonders großen Wert auf untadeliges Benehmen bei Tisch legte. Als 1788 Freiherr Knigge sein Werk *Über den Umgang mit Menschen* veröffentlichte, wurde es zur Pflichtlektüre.

Nach den beiden Weltkriegen lockerten sich die Tischsitten, und viele sahen darin den Untergang der abendländischen Tischkultur. Doch allen Unkenrufen zum Trotz erleben wir heute ihre Renaissance. Im Alltag geht zwar alles meist ein wenig hektisch zu, bei besonderen Gelegenheiten jedoch legt man Wert darauf, sämtliche Register zu ziehen. Vom aufwändigen Menü über erlesenes Geschirr, edles Besteck und kostbare Gläser bis zu farblich darauf abgestimmter Tischwäsche und passenden Accessoires – eine Einladung zum Essen bedeutet heutzutage wieder einen Genuss für alle Sinne.

TISCHWÄSCHE UND GESCHIRR

Zur Zeit Karls des Großen war es dem Herrscher vorbehalten, an einem Tisch mit Tischtuch zu sitzen. Und von einer Königsdomäne wird berichtet, dass zum Bestand ein Tischtuch, zwei Bettlaken und ein Handtuch gehörten. Diese Zeiten haben sich grundlegend geändert.

Genau genommen braucht ein Tisch mit einer Platte aus edlem Holz, Marmor oder Glas kein Tischtuch; er wirkt für sich. In der Regel verzichten wir jedoch nicht auf Tischwäsche, denn sie wirkt dekorativ, schützt die Tischplatte und dämpft das Klappern von Geschirr und Besteck.
Für die Tischwäsche gelten ähnliche Regeln wie für die Kleidung:
- Sie soll zum Anlass passen und den Charakter eines Ereignisses unterstreichen.
- Wir sollen uns damit wohl fühlen.
- Erlaubt ist, was gefällt, solange wir damit nicht unangenehm auffallen.

Das Angebot an Tischwäsche ist vielfältig, und die Wahl wird von der Farbe, dem Material, dem vorhandenen Geschirr, dem Gebrauchswert und natürlich dem Geldbeutel bestimmt.
Was die Farbe betrifft, forderte Brillat-Savarin, geistvoller Autor einer 1825 erschienenen Theorie der Tafelfreuden, „makelloses Weiß". Damit liegt man auch heute nicht falsch, denn es unterstreicht den festlichen oder offiziellen Charakter eines Essens. Im Hinblick auf Geschirr und Dekoration ist man ungebunden. Selbst die Kombination mit weißen Servietten und weißem Geschirr muss nicht langweilig wirken, denn man kann etwa mit Blumenschmuck Farbakzente setzen. Auch kommt das Essen gut zur Geltung.
Weiße Tischwäsche sollte auf jeden Fall zur Grundausstattung gehören. Sonst reicht die Palette von zarten Pastelltönen über kräftige Farben und üppige Muster bis hin zu silber- und goldfarbenen Stoffen. Ausschlaggebend sind der persönliche Geschmack und das vorhandene Geschirr.
Einige Porzellanhersteller bieten zu ihrem Porzellan passende Tischwäsche an. Bei manchen Tischdecken wiederholt sich das

Dekor des Geschirrs entweder ganzflächig oder als Bordüre. Harmonisch wirkt auch Tischwäsche, die die vorherrschende Farbe des Dekors wiederholt oder in der dessen Form eingewebt ist.

Zur Auswahl des Materials gibt es einige Regeln, die jedoch nicht immer sklavisch eingehalten werden müssen. Auch hier gilt: Was gefällt, ist auch erlaubt. Oft ergeben sich gerade aus der Umkehrung solcher Regeln sehr aparte Tischgestaltungen, etwa kostbares Silberbesteck auf grob gewebtem Leinen.

Aus hygienischen Gründen sollte Tischwäsche bei mindestens 60 °C zu waschen sein. Leinen und Baumwolle, die üblichen Materialien, lassen sich sogar mit 95 °C waschen, was bei hartnäckigen Flecken vorteilhaft ist. Auch Modal und Viscose, Chemiefasern auf Zellulosebasis und Polyester werden verwendet, häufig als Beimischung. Der Baumwoll- oder

Leinenanteil sorgt für die nötige Saugfähigkeit, die vor allem bei Servietten wichtig ist. Die Chemiefasern machen die Stoffe pflegeleichter und formstabiler. Einige werden fleckenabweisend ausgerüstet oder beschichtet; für Tischdecken praktisch, doch für Servietten nicht geeignet.

Leinen besitzt einen natürlichen Glanz, hat eine etwas unregelmäßige Struktur und passt gut zu rustikalerem Geschirr. Feiner sind Baumwolle und Baumwollmischungen, aus denen der in sich gemusterte, glänzende Damast und Jacquard hergestellt werden. Neu ist Piqué, das jedoch stark strukturiert ist. Sehr edel wirkt Satin. Daneben gibt es als Verzierung verschiedene Durchbruchstickereien, die besonders gut wirken, wenn eine farblich abgesetzte größere Decke darunter liegt, das hand- oder maschinengestickte Monogramm, das heute wieder im Trend ist, sowie Bogen-, Spitzen- oder Fransenkanten.

Wenn der Esstisch zu klein ist, kann man eine große Holzplatte über zwei Böcke legen. Diese müssen mit langen Tüchern verdeckt werden, die 35–40 cm überhängen sollten. Beim normalen Esstisch hängt die Tischdecke 25–30 cm über. Bei langen Organzadecken als Schmuck über dem Tischtuch müssen Sie darauf achten, dass die Zipfel zwischen den Gedecken herunterhängen.

Zu den Tischdecken werden passende Stoff- und manchmal auch Papierservietten angeboten. Diese sind zwar praktisch, aus Umweltschutzgründen sollte man aber auch im Alltag Stoffservietten vorziehen, die ja für den stilvoll gedeckten Tisch ohnehin ein Muss sind. Sie sollten nicht zu dick sein und aus einem Material bestehen, das dem Zweck entspricht. Organza ist hübsch, aber unpraktisch; eine ähnliche Wirkung erzielt man mit Servietten aus zartem Japanpapier. Stoffservietten sind meist 40 x 40 und 50 x 50, seltener 45 x 45 cm groß. Ältere Erbstücke sind häufig größer und stammen wohl aus der Zeit, als man sie sich noch umgebunden hat. Servietten kann man in der gewünschten Größe auch anfertigen lassen, ebenso Tischdecken, wenn der Tisch keine Normgröße hat.

Wie bei der Tischwäsche macht man mit weißem Geschirr nichts falsch. Seit Modedesigner wie Versace und Hermès Geschirrserien mit unterschiedlicher Ornamentik entwerfen, darf auch gemixt werden, falls für ein mehrgängiges Menü nicht genügend Teile vorhanden sind. Für die Kombination mit der Tischwäsche gibt es jedoch ein paar Anhaltspunkte:

- Zu bunt gemustertem Geschirr passt am besten einfarbige Tischwäsche oder solche mit einem farblich passenden, eingewebten Muster. Effektvoll ist auch eine Kontrastfarbe, etwa Dunkelrot zu grün gemustertem Geschirr. Aber Vorsicht: Reine Farben wirken oft grell, gebrochene dafür harmonischer.
- Einfarbiges Geschirr verträgt auch eine bunt gemusterte Tischdecke; gemusterte Servietten wären jedoch eindeutig zuviel des Guten.

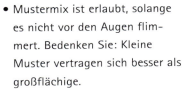

- Mustermix ist erlaubt, solange es nicht vor den Augen flimmert. Bedenken Sie: Kleine Muster vertragen sich besser als großflächige.
- Edel wirken Ton-in-Ton-Kombinationen, etwa graue Tischdecke, weißes Porzellan mit Silberdekor, passende Gläser, Edelstahlbesteck und silbergraue Servietten. Blumenschmuck oder ein Tischband in einer Kontrastfarbe bringt Spannung in das Arrangement.

DAS PERFEKTE GEDECK

Nicht nur erlaubt, sondern auch sinnvoll ist es, Traditionen zu hinterfragen. Ist es beispielsweise überhaupt noch notwendig, den Tisch nach bestimmten Regeln zu decken? – Den Nutzen hat vor allem der Gast, und auch der Ästhetik wird Genüge getan.

Der korrekt gedeckte Tisch hat, von der ästhetischen Wirkung abgesehen, durchaus Vorteile. Das Besteck gewährt sofort einen Überblick über das zu erwartende Menü, und der Gast kann seinen Appetit auf die Speisenfolge abstimmen, damit er nicht schon beim Hauptgang passen muss. Auch weiß man bei fremdartigen Gerichten sofort, welches Besteck zu verwenden ist.

Bei einem mehrgängigen Menü lässt der stilvoll gedeckte Tisch eine festliche Stimmung aufkommen. Doch hier sollte die Ästhetik von der Funktion bestimmt sein. Blumenschmuck, der die Sicht nimmt, Kerzen, an denen man sich verbrennt, wenn man sich bedient, und Dekorationen auf Tellern und in Tassen, die nirgends sonst abgelegt werden können, sind ein Ärgernis. Richtig gewählte Accessoires lassen sich vom Gast in die Tischdekoration integrieren.

Doch zunächst die Platzfrage: Pro Person benötigt man mindestens 50 cm; 60–70 cm sind ideal. Davor soll ein Stuhl ohne Enge stehen können.

Zum Gedeck gehört alles, was für die jeweilige Mahlzeit benötigt wird: Geschirr, Besteck, Gläser und die Serviette.

Falls vorhanden, wird zunächst ein Platzteller eingedeckt, denn eine alte Regel besagt, dass der Gast immer vor einem Teller sitzen soll. Der Platzteller ist aber heute eher ein dekoratives Element; man

kann ebenso gut den flachen Speiseteller verwenden. Der erste Teller liegt einen Finger breit von der Tischkante entfernt. Auf diesen kommt der kleinere Vorspeisenteller beziehungsweise der Suppenteller, wenn danach eine warme Vorspeise serviert wird. Darauf liegt die kunstvoll gefaltete Serviette. Grundsätzlich werden nie mehr als zwei Geschirrteile übereinander gedeckt.

Werden Brot und Butter gereicht, deckt man den entsprechenden Teller links neben den Gabeln ein; er lässt sich notfalls durch eine Untertasse ersetzen. Das Buttermesser oder ein kleines Vorspeisenmesser liegt parallel zu den anderen Messern auf dem rechten Tellerrand.

Wird der Salat als Beilage zum Hauptgericht serviert, kommt der Salatteller an die linke Seite oberhalb der Gabeln. Wird er als Gang für sich serviert, fällt der Teller weg. An seiner Stelle könnte das Dessertschälchen stehen, das jedoch in der Regel mit dem Dessert aufgetragen wird.

Gibt es Krustentiere in der Schale, deckt man links neben dem Teller eine Fingerschale ein, dazu eine zweite Serviette.

Das Besteck wird in der Reihenfolge gedeckt, in der gegessen wird, und zwar immer von außen nach innen. Der Abstand zur Tischkante beträgt zwei Finger breit.

Es gilt als ausgesprochen nette Geste, wenn auch ein Linkshänder zu essen beginnen kann, ohne das Besteck umräumen zu müssen. Gewöhnlich wird aber für den Rechtshänder gedeckt, wobei rechts vom Teller die Messer und der Suppenlöffel und links die Gabeln liegen. Messer und Löffel werden bündig parallel zur Tischkante eingedeckt, Gabeln nach links oben versetzt. Die Messerschneiden zeigen immer zum Teller, die Zinken der Gabeln nach

oben und die Wölbungen der Löffel nach unten.
Das Dessertbesteck wird möglichst erst nach dem Hauptgang auf dem abgeräumten Tisch eingedeckt; sonst liegt das Messer oberhalb des Tellers und darüber die Gabel. Ein Löffel liegt gegebenenfalls über der Gabel; der Griff zeigt nach rechts. Der Griff der Dessertgabel zeigt nach links.
Ein Messerbänkchen für das benutzte Messer steht schräg über dem großen Messer, doch im Grunde ist es entbehrlich, wenn es für jeden Gang Besteck gibt.
Fischbesteck wird immer mit eingedeckt. Spezialbestecke reicht man mit dem jeweiligen Gericht, sonst gehören Hummer-, Schnecken-, Austern- und Fonduegabel, Kaviarmesser und Kaviarlöffel auf die rechte Seite, auf die linke Krebsbesteck, Schnecken- und Hummerzange.

Zwei gleiche Teile sollte man nie nebeneinander decken. Bei der Anzahl der Besteckteile je Seite gibt es unterschiedliche Empfehlungen, mal drei, mal vier. Man macht es am besten vom verfügbaren Platz oder vom persönlichen Besteckbestand abhängig. Wenn verschiedene Bestecke miteinander kombiniert werden müssen, empfiehlt es sich, sie teilweise erst mit dem Gericht einzudecken.
Das Besteck dient übrigens auch als Zeichensprache:
- Gekreuzt auf dem Teller: „Ich mache eine kleine Pause, bin aber noch nicht fertig."
- In den Händen gehalten, zur Tellermitte zeigend, Handballen auf dem Tisch: „Ich hätte gerne noch etwas von den Köstlichkeiten."
- Nebeneinander und nach rechts unten zeigend: „Ich bin satt. Es kann abgeräumt werden."

- Messer und Gabel schräg am Tellerrand, Griffe auf dem Tisch: Das sollte man vermeiden, wenn man einen guten Eindruck machen will, denn es zeugt von schlechten Manieren.

Wenn es ganz perfekt sein soll, steht an der Spitze des Tafelmessers das Richtglas zum Hauptgang. Bei einem Rehbraten beispielsweise wäre das ein Rotweinglas. Falls jemand lieber Weiß- oder Roséwein oder Bier trinkt, stellt man alle drei Glasarten hin, sofern der Platz es erlaubt. Das Wasserglas darf nie fehlen, denn Wasser neutralisiert die Geschmacksnerven und macht sie aufnahmebereit, löscht außerdem den Durst und hilft, den Alkoholspiegel niedrig zu halten. Es steht ganz rechts und kann ein Longdrinkglas oder ein kleineres Weinglas sein.
Heute gibt es zwar formschöne, neutrale Stielgläser, aus denen

man fast alles trinken kann, doch manche Getränke entfalten nur in einem ganz speziellen Glas das volle Aroma.
Auch Kaffee und Tee schmecken in den richtigen Tassen und Schalen am besten. Beim Gedeck steht die Tasse rechts schräg oberhalb des Kuchentellers, den Henkel nach rechts. Der Löffel liegt auf der Untertasse; der Stiel ragt über den Rand nach rechts. Die Kuchengabel liegt entweder rechts neben oder schräg auf dem Teller. Mit ihrer Hilfe wird oft eine duftige Serviette drapiert – zum Kaffee oder Tee darf diese jedoch nicht zu groß oder zu dick sein. In Anlehnung an die Wiener Kaffeehaustradition kann man ein Wasserglas links neben der Tasse bereitstellen.

Bei all diesen Regeln sollte man allerdings immer daran denken, dass weniger oft mehr ist. Ein völlig überladener Tisch wirkt wie ein übervoller Teller: Er verschlägt einem den Appetit. Und wenn das Glas für den Aperitif auf dem Tisch keinen Platz hat – ist es doch viel netter, ihn mit dem Glas in der Hand in lockerer Runde im Stehen einzunehmen.

GEBRAUCH DER SERVIETTE

Das Wort Serviette für das Mundtuch stammt aus dem Französischen und bedeutete ursprünglich „Gegenstand, der beim Servieren benötigt wird". Heute erfüllt sie zudem einen dekorativen Zweck, doch wichtig ist auch, dass man sie korrekt zu gebrauchen versteht.

Eine mittelalterliche Tischzucht lautet: „Las dir ain tuchen umknoten von ain weipsperson, frawe oder magde..." Und im 16. Jahrhundert hieß es: „... Du darfst deine Finger nicht so schmutzig machen, dass du die Serviette besudelst, wenn du sie darin abwischst ..." Bei den Franzosen und Italienern galt es vor 500 Jahren als gutes Benehmen, sich die Finger zuerst an einem Stück Brot zu reinigen, das man dann auf dem Teller zurückließ, bevor man sie mit der Serviette säuberte. Diese sollte nämlich nicht übermäßig verschmutzt zurückgegeben werden.

Für den Gebrauch einer Serviette gab es also schon immer Regeln. Heute sehen sie jedoch anders aus. Man darf beispielsweise nicht mehr die Serviette um den Hals knoten oder in den Kragen stecken, es sei denn, es gibt Spaghetti. In Südfrankreich und Italien sieht man das Ganze ohnehin etwas lockerer, und man sollte einfach von Fall zu Fall selbst entscheiden, wo es angebracht ist und wo nicht.

Die Serviette – man nennt sie auch Mundserviette – hat zweierlei Aufgaben. Erstens tupft man sich immer den Mund damit ab, bevor man trinkt, um keine fettigen Lippenabdrücke zu hinterlassen. Zweitens kann man mit der Serviette die Kleidung vor eventuell herabfallenden Krümeln und dergleichen schützen. Dazu breitet man sie zu Beginn der Mahlzeit aus, auch wenn sie noch so kunstvoll gefaltet ist. Sie ist zum Gebrauch bestimmt, ihre ästhetische Aufgabe hat sie vorher erfüllt. Wurden Blüten, Zweige, Süßigkeiten oder Ähnliches in die Faltung integriert, legt man sie oberhalb des Tellers ab; vielleicht lässt sich mit ihnen die übrige Tischdekoration ergänzen.

Der richtige Platz für die Serviette ist auf dem Schoß. Dabei ist es zweckmäßig, sie oben zu einem Drittel nach innen zu falten. So rutscht sie nicht so leicht hinunter, und man kann sich mit der

Unterseite des Umschlags den Mund abtupfen, ohne dass dabei eventuelle Spuren sichtbar sind oder mit der Kleidung in Berührung kommen.

Wenn man während des Essens den Tisch verlässt, legt man die Serviette locker gefaltet und mit den „Gebrauchsspuren" nach innen links neben den Teller. Dagegen legen die Amerikaner ihre Serviette auf den Stuhl. Nach dem Essen wird die Serviette ebenfalls locker zusammengefasst links neben den Teller gelegt. Das gilt auch für Papierservietten; es zeugt von schlechtem Stil, diese zu zerknüllen und in die Soßenreste zu legen.

Werden Krustentiere wie Garnelen in der Schale serviert, kann man sie mit den Fingern essen. Dann darf jedoch die Fingerschale links neben dem Teller zusammen mit einer zweiten Serviette nicht fehlen. Sie dient dazu, die Hände abzutrocknen, und wird locker zusammengefaltet unter die Fingerschale gelegt.

Servietten
kunstvoll falten

Ob Sie flache, liegende oder stehende Formen falten möchten, ob Sie Serviettenfaltungen mit Accessoires aufwerten oder edle Servietten besonders zur Geltung bringen wollen – auf den folgenden Seiten mit über 50 Serviettenfiguren für jeden Anlass werden Sie mit Sicherheit das Richtige finden.

BLÜTENZAUBER

1. Alle Ecken der geöffneten Serviette (rechte Stoffseite unten) zur Mitte falten. Eventuelle Brüche ausstreichen.

2. Diesen Arbeitsschritt auf derselben Stoffseite mit den neu entstandenen Ecken wiederholen und die Serviette wenden.

3. Ein drittes Mal alle vier Ecken zur Mitte falten.

4. Die Mitte festhalten und die unter den Ecken liegenden Spitzen herausziehen; so entstehen gefüllte Blütenblätter.

5. Die unteren Ecken zwischen den Blütenblättern zur Hälfte hervorziehen.

Größe: 40 x 40 cm. **Material:** gestärkte Stoffserviette (z. B. Satin mit Struktur) oder Tissueserviette; Vliesservietten nur bedingt

Am besten kommt diese Faltung mit einer seidig glänzenden Seviette zur Geltung. Wenn die Mitte zu stark aufspringt, beschwert man sie etwa mit einer Muschel, einem Schneckenhaus oder einer Glaskugel. Ein Schneckenhaus passt besonders gut, wenn man Schnecken als Vorspeise serviert.

KNOTEN

Mithilfe dieser Faltung kann man etwa bei einem Gartenfest Besteck und Serviette dekorativ auflegen.

1. Zwei gegenüberliegende Ecken der geöffneten Serviette (rechte Stoffseite unten) zur Mitte falten.

2. Die dadurch entstandenen Brüche wieder zur Mitte falten.

3. Der Länge nach zur Hälfte zusammenfalten.

4. Die Enden so übereinander legen, dass das längere Ende oben liegt.

5. Dieses um das kürzere legen und einen Knoten bilden. Die Spitzen auseinander ziehen.

Größe: mind. 45 x 45 cm
Material: Stoffserviette

WUNDERTÜTE

Größe: alle Größen. **Material:** Stoff- oder Vliesserviette

1. Die geöffnete Serviette (rechte Stoffseite unten) diagonal hinlegen und nach oben zum Dreieck falten.

2. Die Ecken des Dreiecks über die Mitte zur oberen Spitze falten, sodass wieder ein Quadrat entsteht.

3. Die Serviette wenden. Die geschlossene Spitze liegt unten.

4. Die untere Spitze nach oben zum Dreieck falten.

5. Die linke und rechte Ecke über die Mitte schräg nach oben und außen falten, bis die Ecken über den Rand ragen. Wenden.

6. Die seitlichen Taschen zur Seite klappen und etwas öffnen.

7. Die oberen beiden Stofflagen der mittleren Raute nach unten falten.

In dieser ganz speziellen Wundertüte können kleine Überraschungen für den Sonntagsbrunch versteckt werden. Grundsätzlich ist jedes Material dafür geeignet. Eine dicht gewebte Serviette mit Struktur ist aber besonders effektvoll.

Bei dieser Faltung ist Genauigkeit wichtig. Die Spitzen müssen sich in der Mitte treffen; sie dürfen eher noch etwas überlappen. Die Mitte mit einer Süßigkeit fixieren.

WINDMILL

1. Die geöffnete Serviette (rechte Stoffseite unten) zur Hälfte falten.

2. Wieder zur Hälfte falten; es entsteht ein kleines Quadrat.

3. Zwei gegenüberliegende Ecken (oben rechts und unten links) genau zur Mitte falten.

4. Die Ecken oben links und unten rechts nach hinten zur Mitte falten.

5. Zwei gegenüberliegende Ecken genau zur Mitte falten. Die Serviette wenden.

6. Die Ecken rechts und links zur Mitte falten.

7. Die Mitte gut festhalten und die offenen Stofflagen unter den zuletzt entstandenen Dreiecken nach außen ziehen. Wenden.

8. Die Mitte wieder gut festhalten und die offenen Stofflagen unter den Dreiecken nach außen ziehen.

Größe:
45 x 45 cm
Material:
gut gestärkte Stoffserviette sowie Vlies- oder Tissue-serviette

DOPPELTÜTE

Wenn es einmal ganz schnell gehen soll, ist diese so einfache wie raffinierte Doppeltüte im Handumdrehen fertig gestellt.

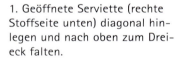

1. Geöffnete Serviette (rechte Stoffseite unten) diagonal hinlegen und nach oben zum Dreieck falten.

2. An der Grundlinie die Mitte bestimmen und beide Ecken zunächst zu etwa einem Drittel nach oben einschlagen.

3. Beide Kanten nach oben und innen bis zur Mitte rollen.

4. Wenn die Tüte rund sein soll, die Ecken nach innen stecken.

Größe: 40 x 40 cm oder 45 x 45 cm
Material: gestärkte Stoffserviette sowie Vlies- oder Tissueserviette

LIEGENDE TÜTE

Diese Form ist einfach zu falten und doch wirkungsvoll. Auf unserem Foto ergänzen sich die zur Dekoration auf den Tisch gestreuten Blüten, die Serviette und das Geschirr perfekt.

Größe: 40 x 40 cm
Material: gestärkte Stoffserviette sowie Vlies- oder Tissueserviette

1. Die geöffnete Serviette (rechte Stoffseite unten) diagonal hinlegen.

2. Die Serviette nach unten zum Dreieck falten.

3. Die untere Ecke festhalten und die linke und rechte Ecke über die Mitte schräg nach oben falten.

4. Das Ganze wenden und etwas öffnen.

FISCH

Größe: 40 x 40 cm oder kleiner
Material: feste Stoffserviette oder Vlies- oder Tissueserviette

1. Die geöffnete Serviette (rechte Stoffseite unten) diagonal hinlegen.

2. Die Serviette nach unten zum Dreieck falten.

3. Die obere Kante etwa 5 cm nach unten falten. Die Serviette wenden.

4. Mit dem Daumen einer Hand die obere Mitte festhalten und mit der anderen Hand die rechte und linke Spitze am Daumen vorbei schräg nach unten zur gegenüberliegenden Seite falten.

5. Das Ganze wenden und die „Flossen" des Servietten-Fisches zurechtrücken.

Dies ist die richtige Serviettenfaltung für ein edles Gericht mit
Fisch oder Meeresfrüchten.

Damastservietten wie auf dem
Foto passen perfekt zu einem
solchen kulinarischen Genuss.

GEISHA

1. Die beiden Seiten der geöffneten Serviette (rechte Stoffseite unten) etwa 2 cm über die Mittellinie nach innen falten.

2. Am unteren Rand 2–3 cm nach oben falten und eventuell bügeln.

3. Das untere Drittel der Serviette nach oben falten.

4. An diesem Drittel die beiden Ecken entlang einer gedachten Mittellinie nach unten falten.

5. Den oberen Rand etwa 2 cm nach hinten falten.

6. Das obere Drittel nun ebenfalls nach hinten bis knapp unterhalb der Spitze des Dreiecks falten.

7. Die Seiten bis zum „Kragen" nach innen falten. Dabei bilden sich am oberen Rand zwei Dreiecke.

8. Die obere Kante im Bruch nach hinten falten, sodass die „Ärmel" entstehen.

Größe: mind. 50 x 50 cm
Material: leicht gestärkte Stoffserviette, bei Vlies- und Tissueserviette muss der Querfalz ausgebügelt werden

Diese „Geisha" kommt besonders gut zur Geltung, wenn Serviette und Ambiente eine fernöstliche Note haben. Für die Faltung sind große Servietten erforderlich.

Hier empfiehlt es sich, eine Serviette mit Randstreifen zu wählen, die die diagonale Faltung unterstreicht.

DIAGONALE

1. Die geöffnete Serviette (rechte Seite unten) nach oben falten.

2. Dann nach rechts zur Seite falten, sodass ein kleineres Quadrat entsteht und die geschlossene Ecke links unten ist.

3. Die rechte obere Ecke der oberen Lage zur gegenüberliegenden Ecke falten; eine Diagonale entsteht.

4. Diese Ecke ca. 3 cm unterhalb der Diagonale wieder nach oben falten.

5. Die Ecke nach hinten unter die Diagonale schieben.

6. Die nächste Ecke im Abstand von ca. 3 cm zur Diagonale nach unten falten.

7. Diese Ecke ebenfalls unter die Diagonale schieben.

8. An beiden Seiten nach hinten falten.

Größe: 45 x 45 cm. Material: alle Serviettenarten

Wann immer es sinnvoll ist, zum Essen zwei Servietten anzubieten, ist diese Faltung die beste Wahl.

DUO–DIAGONALE

1. Zwei verschiedenfarbige, aber gleich große Servietten geöffnet rechts auf rechts aufeinander legen.

2. Die Servietten nach oben zur Hälfte falten.

3. Serviette nach rechts zur Hälfte falten. (Offene Ecken liegen rechts oben.)

4. Die oberen drei Stofflagen zur unteren linken Ecke falten. Die so entstandene Diagonale fest andrücken.

Größe: 45 x 45 cm oder 50 x 50 cm
Material: dünne Stoffservietten, Vlies- nur in Verbindung mit Tissueservietten, nur einfarbige Tissueservietten

5. Die oberen zwei Stofflagen wieder öffnen und etwa 4 cm von der Diagonale entfernt nach unten falten. Dabei das kleine Dreieck unter die Diagonale schieben.

6. Diese Streifen an der Diagonale nach unten falten.

7. Die Servietten zur Hälfte nach hinten falten.

Größe: 40 x 40 cm oder 45 x 45 cm
Material: leicht gestärkte Stoffserviette, bei Vlies- und Tissueserviette muss der Querfalz ausgebügelt werden

WEIHNACHTSBAUM

1. Die geöffnete Serviette (rechte Stoffseite unten) senkrecht zur Hälfte falten.

2. Die obere Mitte markieren und beide Ecken schräg nach innen falten.

3. Eine Ecke über die gedachte Mittellinie nach innen falten.

4. Dies mit der anderen Ecke wiederholen. Ein Dreieck entsteht.

5. Die Serviette am Fuß des Dreiecks nach oben falten.

6. Etwa 5 cm oberhalb vom Bruch das gerade Stück wieder nach unten falten.

7. Die rechte untere Ecke über die gedachte Mittellinie nach innen falten.

8. Mit der linken unteren Ecke ebenso verfahren. Abschließend die Serviette wenden.

Hier ist Augenmaß gefragt, denn es gibt keine Faltlinien als Anhaltspunkte. Wichtig ist, dass der „Stamm" des Serviettenbäumchens nicht zu lang wird.

Für eine weihnachtliche Dekoration eignen sich kleine ausgestanzte Messingformen, die über „Weihnachtsbaum" und Tisch gestreut werden.

SPITZTÜTE

Größe: 45 x 45 cm. Material: feste oder gut gestärkte Stoffserviette ebenso wie feste Tissue- oder Vliesserviette

1. Die Serviette links auf links zur Hälfte nach unten falten.

2. Die Mitte markieren und die rechte obere Ecke über die Mittellinie nach links bis zur oberen linken Ecke rollen.

3. Dabei soll die rechte untere Ecke genau auf die linke untere Ecke treffen.

4. Wenn die Serviette ganz aufgerollt ist, diese beiden Ecken so weit nach oben falten, dass die offene linke Ecke fixiert wird.

5. Einen Hut formen und aufstellen.

Bei der Spitztüte bestimmt das Material die Wirkung. Dass diese Faltung nicht nur mit klassischen Damastservietten sehr attraktiv ist, zeigt die Fotografie.

Noblesse eignet sich gut für große Servietten. Die Säume dürfen nicht zu breit sein, wenn man die Spitzen (wie bei der unten gezeigten Variation) nach unten zieht.

NOBLESSE

Größe: 50 x 50 cm. **Material:** leicht gestärkte Stoffserviette

1. Geöffnete Serviette (rechte Stoffseite unten) diagonal hinlegen und nach oben zum Dreieck falten.

2. Die rechte und linke Ecke zur mittleren Spitze nach oben falten. Es entsteht eine Raute.

3. Raute wenden und drehen, damit die geschlossene Spitze nach oben zeigt. Die unteren Ecken nach oben falten.

4. Die oben liegenden Dreiecke öffnen und über die Grundlinie zu Rauten falten.

5. Die beiden unteren Ecken wieder nach oben falten.

6. Wenden, die seitlichen Ecken nach vorn falten und ineinander feststecken.

7a. Aufstellen und die seitlichen Tüten öffnen.

7b. (Variation) Die beiden oberen Stofflagen nach unten schlagen.

Diese bekannte klassische Faltung darf natürlich auch in diesem Buch nicht fehlen. Der einfache Fächer ist grundsätzlich mit jedem Material und in jeder Größe zu falten. Es gilt jedoch: je größer und steifer die Serviette ist, die man verwendet, desto eindrucksvoller das Ergebnis.

EINFACHER FÄCHER

Größe: 50 x 50 cm
Material: gut gestärkte Stoffserviette

1. Die geöffnete Serviette (rechte Stoffseite unten) von links nach rechts zur Hälfte falten.

2. Um 90 Grad nach rechts drehen und von einer Schmalseite her bis kurz über die Mitte in 2 cm breite Falten (Ziehharmonika) legen.

3. Die Ziehharmonika und das glatte Teil nach unten zur Hälfte falten. Die Ziehharmonika liegt außen.

4. Das glatte Teil bis zum Anfang der Ziehharmonika nach innen schlagen.

5. Die obere Ecke nach links unten falten und unter die erste Falte schieben.

6. Die Ziehharmonikafalten auffächern und aufstellen.

BOGENFÄCHER

Größe: 55 x 55 cm
Material: gestärkte Stoffserviette (sehr schön mit Spitze), Vlies- und Tissueservietten sind auch geeignet

1. Die geöffnete Serviette (rechte Stoffseite unten) zur Hälfte nach oben falten.

2. Den Bruch noch einmal zur Hälfte nach oben falten.

3. Von der Schmalseite her in etwa 3 cm breite Falten (Ziehharmonika) legen und anschließend bügeln.

4. Die Serviette so auffächern, dass die geschlossene Kante den äußeren Rand bildet, und aufstellen.

Hier können Sie nach Belieben variieren: Es dürfen auch einmal die offenen Kanten außen sein. Verwenden Sie doch zum Tee eine Serviette mit japanischem Muster – jeder wird sofort an eine japanische Teezeremonie denken ...

SCHNEEGLÖCKCHEN

Damit hier tatsächlich ein „Schneeglöckchen" entsteht, muss man beim Falten genau sein. Wichtig ist, dass zuerst die rechte Stoffseite innen liegt, anschließend wird die Serviette wieder aufgefaltet.

Größe: 40 x 40 cm
Material: Stoffserviette sowie Vlies- oder Tissueserviette

1. Die geöffnete Serviette (rechte Stoffseite oben) zur Hälfte falten. Den Bruch gut andrücken.

2. Die Serviette öffnen.

3. Die Serviette nach rechts zur Hälfte falten. Den Bruch gut andrücken und die Serviette wieder öffnen.

4. Die Serviette links auf links zur Hälfte falten. Die rechte obere Ecke bis zur Mittellinie nach innen schieben.

5. Mit der linken Ecke ebenso verfahren.

6. Aufstellen und die Ecken nach außen biegen.

Diese Faltung sieht viel komplizierter aus, als sie tatsächlich ist. Wenn Sie eine Leinenserviette verwenden, müssen Sie die Ecken besonders gut festdrücken.

STRELITZIE

1. Die geöffnete Serviette (rechte Stoffseite unten) zuerst nach unten und dann zur Seite falten, sodass ein kleineres Quadrat entsteht.

2. Das Quadrat so hinlegen, dass die offenen Kanten nach unten zeigen.

3. Die offenen Kanten nach oben zu einem Dreieck falten.

4. Die rechte Ecke zur Mitte und nach unten falten. Dies mit der linken Ecke wiederholen.

5. Das Ganze in der Mitte nach hinten falten.

6. Die beiden unteren Ecken nach innen in die Quetschfalte stecken und gut festdrücken.

7. Aufstellen und drei der inneren Ecken zu Spitzen nach oben ziehen.

Größe: 40 x 40 cm
Material: gestärkte Stoffserviette und Tissueserviette

IGEL

Bei Servietten mit grober Struktur, wie sie für den Igel unerlässlich sind, sollten Sie darauf achten, dass der Stoff trotzdem noch angenehm weich ist. Im Zweilfelsfall also besser auf die Stärke verzichten.

1. Die geöffnete Serviette (rechte Stoffseite unten) zur Hälfte falten.

2. Nochmals zur Hälfte falten und so hinlegen, dass die offenen Ecken nach oben zeigen.

3. Die oberen 4 Ecken nach unten zum Dreieck falten.

4. Die oberste Stofflage etwa 2 cm unterhalb des Bruches wieder nach oben falten.

5. Dies mit den anderen Stofflagen in immer größerem Abstand zum Bruch wiederholen.

6. Das Ganze senkrecht durch die Mitte nach hinten falten. Den Bruch gut festdrücken.

7. Die Serviette aufstellen und die Spitzen leicht nach vorne ziehen.

Größe: 40 x 40 cm
Material: leicht gestärkte Stoffserviette

SOLITÄR

Größe: alle Größen
Material: für alle Serviettenarten geeignet, leicht gestärkt

1. Die geöffnete Serviette (rechte Stoffseite unten) nach unten zur Hälfte falten.

2. Am oberen Bruch die Mitte festlegen und die oberen Ecken zu je einem Drittel nach innen falten.

3. Diese Ecken noch einmal nach innen falten.

4. Entlang der Mittellinie zum dritten Mal nach innen falten.

5. Die Serviette entlang der Mittellinie zur Hälfte falten.

6. Die beiden losen Dreiecke am unteren Ende auf beiden Seiten nach oben falten.

7. Die Serviette aufstellen.

Ein Solitär ist ein einzeln gefasster Edelstein, und genauso exquisit ist diese Serviettenform. Wenn Sie sich für diese Faltung entscheiden, sollten Sie den Tischschmuck relativ flach und zurückhaltend gestalten, damit die Eleganz der schlanken Pyramide zur Geltung kommt.

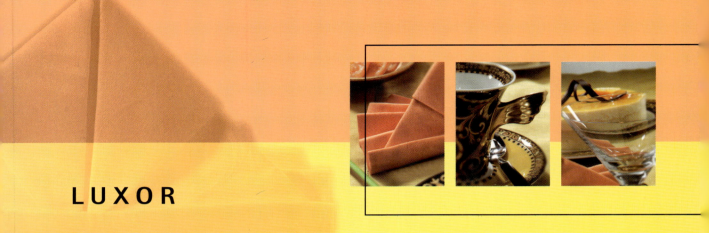

LUXOR

1. Die geöffnete Serviette (rechte Stoffseite unten) nach rechts zur Hälfte falten.

2. Am oberen Rand die Mitte festlegen und die beiden oberen Ecken entlang einer gedachten Mittellinie nach innen falten.

3. Dieses Dreieck nach unten falten und die Serviette wenden.

4. Die oberen beiden Ecken wie in Schritt 2 nach innen falten.

5. Das glatte Teil der Serviette am Fuß des Dreiecks nach oben falten.

6. Dieses Teil im Abstand von 1 cm zum Bruch wieder nach unten falten. Die Serviette wenden. Bügeln. Das glatte Teil wieder nach oben legen und zur Ziehharmonika falten.

7. Die Ziehharmonika unter die Raute schieben, fest andrücken und die Enden auffächern.

8. Die Serviette wenden und aufstellen.

Größe: 50 x 50 cm. **Material:** gestärkte Stoffserviette

Bei dieser Faltung kann man auf das Bügeln nicht verzichten. Die Ecken der Rauten werden durch die beiden Querfalten fixiert.

Farbe und Struktur der hier verwendeten Serviette sind für diese aufrecht stehende Faltung ideal.

ENTE

Größe: 40 x 40 cm.
Material: leicht gestärkte Stoffserviette sowie Vlies- und Tissueserviette

1. Die geöffnete Serviette (rechte Stoffseite unten) diagonal hinlegen. Die beiden seitlichen Ecken entlang einer gedachten Mittellinie nach innen falten.

2. Die untere Ecke nach oben falten. Es entsteht ein spitzwinkliges Dreieck.

3. Das untere Teil etwas mehr als ein Drittel nach oben falten.

4. Das Ganze nach rechts zur Hälfte falten.

5. Die obere Spitze, den „Entenhals", ungefähr in der Mitte festhalten und die Spitze waagrecht nach links ziehen.

6. Die rechte untere Ecke bis zum senkrechten Bruch nach links falten. Auf der Rückseite ebenso verfahren.

7. Die Ente aufstellen und die beiden hinteren Spitzen ineinanderstecken.

Form und Material der Serviette fügen sich harmonisch in die orientalische Stimmung des festlich gedeckten Tischs ein. Sehr wirkungsvoll ist diese Faltung auch mit goldfarbenem Satin.

SCHNABELSCHUH

1. Die geöffnete Serviette (rechte Stoffseite unten) zur Seite falten.

2. Nach unten falten, sodass ein kleines Quadrat entsteht. Dieses so hinlegen, dass die offenen Kanten nach unten zeigen.

3. Drei Ecken nacheinander nach oben falten, jede in 1 cm Abstand zur vorangegangenen.

4. Die linke und rechte Ecke zur Mitte und nach unten falten.

5. Das Ganze senkrecht durch die Mitte nach hinten falten.

6. In der Mitte festhalten, das untere Dreieck etwas nach links herausziehen und die Ecken rechts ineinander stecken.

7. Das Dreieck ganz herausziehen, nach innen einschlagen und über den hinteren Rand falten.

8. Die Spitzen leicht nach oben ziehen.

Größe: 45 x 45 cm oder besser 55 x 55 cm
Material: dickere Stoffserviette

Die Lilie gehört zu den klassischen Serviettenfaltungen. Ihre Wirkung ist stark von der Wahl des Materials abhängig – hier eine seidig glänzende Serviette aus strukturiertem Stoff mit Maschinenstickerei und Bogenkante. Sehr stilvoll ist die Kombination mit den echten Lilien in der dunklen Vase.

LILIE

Größe: 40 x 40 cm
Material: Stoffserviette (sehr dekorativ mit Spitzen an den Kanten) sowie Vlies- oder Tissueserviette

1. Die geöffnete Serviette (rechte Stoffseite unten) diagonal hinlegen und nach unten zum Dreieck falten.

2. Von der Mitte der oberen Bruchkante ausgehend die rechte und linke Ecke zur unteren Ecke falten.

3. Diese Ecken wieder zur Spitze nach oben falten.

4. Die unteren Ecken zu etwa zwei Dritteln nach oben falten und unter die zwei Dreiecke schieben.

5. Die untere Bruchkante der Serviette nach oben falten.

6. Wenden. Seitliche Ecken nach vorn legen und ineinander stecken.

7. Die Spitzen der Dreiecke nach unten biegen und unter den Rand stecken.

Zum zünftigen Imbiss passt der rustikale Stil dieser Faltung genau. Sie können den Stiefel aber auch zur Weihnachtszeit einsetzen – in Rot, mit einem Tannenzweig dekoriert.

STIEFEL

1. Die geöffnete Serviette (rechte Stoffseite unten) nach unten zur Hälfte falten. Der Bruch ist oben.

2. Das untere Drittel nach oben falten.

3. Das obere Drittel nach unten falten.

4. Die rechte Seite entlang der Mittellinie nach unten falten. Dies mit der linken Seite wiederholen.

5. Die linke Hälfte auf die rechte legen. Wenden und um 90 Grad nach links drehen.

6. Das untere Teil einmal nach innen und nach unten drehen.

7. Das gedrehte Teil nach oben führen und unter dem Dreieck feststecken.

Größe: 50 x 50 cm. **Material:** feste Stoffserviette sowie Vlies- und Tissueserviette

Größe: 40 x 40 cm oder 45 x 45 cm
Material: alle Serviettenarten

PEEL OFF

1. Geöffnete Serviette (rechte Stoffseite unten) diagonal hinlegen und nach oben zum Dreieck falten.

2. Die rechte und linke Ecke zur mittleren Spitze nach oben falten, sodass eine Raute entsteht.

3. Die untere Ecke nach oben falten, dabei aber einen etwa 3 cm breiten Rand lassen.

4. Die oben liegende Spitze wieder nach unten und etwa 1 cm über die Grundlinie falten.

5. Die beiden doppelten Spitzen ebenso nach unten falten.

6. Wenden. Die rechte und linke Ecke nach vorn führen und ineinander stecken.

7. Die Serviette aufstellen und die drei Spitzen etwas nach außen drehen.

An eine aus der Schale halb gelöste Frucht erinnert diese elegante Form. Der Effekt entsteht dadurch, dass über die Grundlinie hinaus gefaltet wird. Peel off lässt sich problemlos mit allen Servietten falten.

TEA FOR TWO

1. Die geöffnete Serviette von einer Seite ausgehend in 3 cm breite Falten (Ziehharmonika) legen.

Größe: alle Größen möglich
Material: leicht gestärkte Stoffserviette sowie Vlies- und Tissueserviette

2. Beide Seiten etwas überlappend zur Mitte schlagen. Eventuell die Serviette bügeln.

3. Die beiden innersten Falten in der Mitte fest andrücken und die beiden Fächer öffnen.

Hier entsteht eine perfekte Harmonie, weil die flachen Bogen der Serviette mit den extrem flachen Teetassen kombiniert werden. Bunte Papierservietten müssen für diese Faltung auf beiden Seiten ein Muster haben.

Dies ist eine Faltung, die Variationen zulässt. Bei sehr dicken Servietten kann der sechste Arbeitsschritt entfallen. Die einzelnen Spitzen können nach Lust und Laune drapiert werden.

BISCHOFSHUT MIT DOPPELRAND

1. Die geöffnete Serviette (rechte Stoffseite unten) nach oben zur Hälfte falten.

2. Nochmals zur Hälfte falten und die Serviette so hinlegen, dass die offenen Ecken nach unten zeigen.

3. Die drei oberen Stofflagen nacheinander mit einem Abstand von 1–2 cm nach oben falten.

4. Die untere Ecke bis zum letzten Bruch nach oben falten.

5. Diese Ecke im letzten Bruch nach oben falten.

6. Die untere Bruchkante nach oben falten.

7. Wenden. Die rechte und linke Ecke nach vorn führen und ineinander stecken.

8. Die Serviette aufstellen und die einzelnen Stofflagen leicht nach vorn und nach unten ziehen.

Größe: 45 x 45 cm oder 50 x 50 cm
Material: alle Serviettenarten

Der einfache Pfau kann im Voraus gefaltet und flach aufbewahrt werden. Er muss dann beim Tischdecken nur noch aufgefächert werden.

EINFACHER PFAU

1. Die geöffnete Serviette (rechte Stoffseite oben) in der Mitte nach oben falten.

2. Die obere Stofflage zur Hälfte wieder nach unten falten. Die Serviette wenden und diesen Schritt wiederholen.

3. Die Serviette von der Schmalseite ausgehend in 4 cm breite Falten (Ziehharmonika) legen.

4. Die Serviette an der offenen Kante festhalten und an der Bruchkante der oberen Stofflage die Faltentiefen herausziehen, sodass Dreiecke entstehen.

Größe: 45 x 45 cm
oder 55 x 55 cm
Material: gut gestärkte Stoffserviette

5. Abschließend die Serviette vorsichtig auffächern.

Die leichte, schwebende Anmutung dieser Faltung wird am besten hervorgehoben, wenn man die Servietten in hohe, schmale transparente Gläser steckt.

LIBELLE

Größe: 40 x 40 cm
Material: feste oder gut gestärkte Stoffserviette ebenso wie feste Tissue- oder Vliesserviette

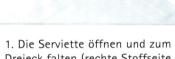

1. Die Serviette öffnen und zum Dreieck falten (rechte Stoffseite außen).

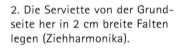

2. Die Serviette von der Grundseite her in 2 cm breite Falten legen (Ziehharmonika).

3. Die Serviette in der Mitte so falten, dass die Bruchkante außen ist, und in ein Glas stellen.

Eine leichte und zarte Form, die gut für die Kaffee-
tafel geeignet ist. Sie müssen jedoch auf jeden Fall
ein Serviette aus sehr dünnem Material nehmen,
da sie sonst nicht zwischen die Gabelzinken passt.

FALTER

1. Die geöffnete Serviette von einer Ecke ausgehend in etwa 2 cm breite Ziehharmonikafalten legen.

2. Die Mitte des „Falters" fixieren, indem man ihn auf eine drei-zinkige Kuchengabel steckt.

Größe: 40 x 40 cm
Material: dünne Stoff-
serviette, am besten
Batist, oder sehr zarte
Tissueserviette

Fassile bedeutet einfach, und diese Form lässt sich in der Tat denkbar einfach falten. Schöne Serviettenringe, Perlenschnüre oder pfiffige Accessoires kommen bestens zur Geltung.

FASSILE

Größe: 45 x 45 cm oder 55 x 55 cm
Material: für alle Serviettenarten geeignet

1. Die geöffnete Serviette (rechte Stoffseite unten) zur Hälfte falten.

2. Die Serviette der Länge nach zur Ziehharmonika falten.

3. Das Ganze in der Mitte zusammenlegen. Einen Serviettenring oder Perlenschnüre darüber schieben und auffächern.

FEENHUT

Größe: 40 x 40 cm
Material: gestärkte Stoffserviette, feste Vlies- oder Tissueserviette

1. Die Serviette (rechte Stoffseite unten) zur Hälfte nach unten falten.

2. Die Mitte markieren und die rechte obere Ecke zuerst genau bis zur Mittellinie rollen.

3. Die Ecke weiter nach links rollen, bis die rechte und die linke untere Ecke genau übereinander liegen.

4. Diese Ecken so weit nach oben falten, dass sich ein Hut bildet. Die Serviette aufstellen.

5. Den Feenhut mit Perlendrähten dekorieren.

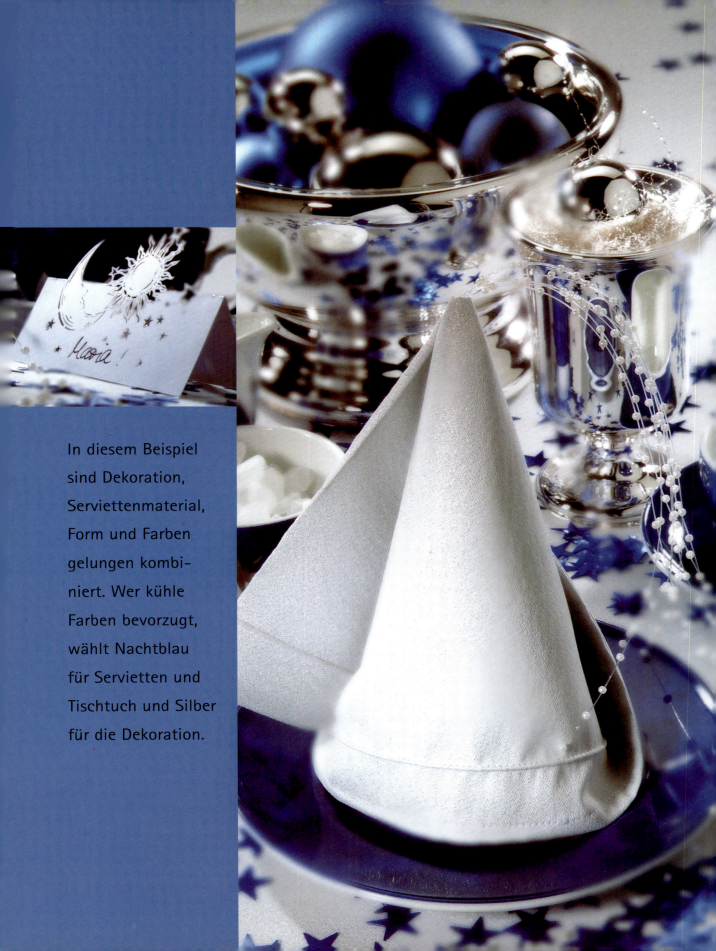

In diesem Beispiel sind Dekoration, Serviettenmaterial, Form und Farben gelungen kombiniert. Wer kühle Farben bevorzugt, wählt Nachtblau für Servietten und Tischtuch und Silber für die Dekoration.

TEUFELCHEN

Für das Silvestermenü ist das Teufelchen die passende Faltung. Als Farben bieten sich Schwarz und Rot an.

Größe: 45 x 45 cm oder 55 x 55 cm
Material: für alle Serviettenarten geeignet

1. Die geöffnete Serviette (rechte Stoffseite unten) zur Hälfte falten.

2. Nochmals zur Hälfte falten und die Serviette so hinlegen, dass die offenen Ecken nach oben zeigen.

3. Die untere Ecke zum Dreieck nach oben falten.

4. An der Grundlinie die Mitte markieren und die rechte Ecke schräg nach oben falten, sodass sie über den Rand hinausragt.

4. Diesen Arbeitsschritt mit der linken Ecke wiederholen und die Serviette wenden.

5. Die beiden oberen Stofflagen nach unten schlagen und die nächsten zwei unter die Bruchkante schieben. Mit farblich passenden Federn dekorieren.

SMOKING

Da diese Serviettenfaltung flach auf dem Teller liegt, lässt sie die Tischdekoration für sich wirken. Deshalb sollte man die Faltung auch nur sparsam, z. B. mit einer Schleife, verzieren.

1. Die geöffnete Serviette (rechte Stoffseite unten) diagonal hinlegen und nach unten zum Dreieck falten.

2. Am Bruch mindestens 4 cm nach unten falten. Die Serviette eventuell bügeln.

3. Das Dreieck wenden und die rechte Ecke ungefähr 5 cm von der gedachten Mitte entfernt schräg nach unten falten.

4. Die linke Ecke über die rechte falten.

5. Die seitlichen Ecken nach hinten schlagen.

Größe: 50 x 50 cm. Material: leicht gestärkte Stoffserviette

Kleine Überraschungen für den Ostertisch lassen sich entweder im Kopf des Serviettenhasen oder auch zwischen den Ohren unterbringen. Das Material darf hier nicht zu glatt sein, sonst hält die Form nicht.

HASE

1. Die geöffnete Serviette (rechte Stoffseite unten) diagonal hinlegen und nach oben zum Dreieck falten.

2. Die rechte und linke Ecke zur mittleren Spitze nach oben falten, sodass eine Raute entsteht.

3. Die untere Ecke wieder zum Dreieck nach oben falten. Wenden.

4. Die seitlichen Ecken nach vorn führen und ineinander stecken.

Größe: 40 x 40 cm oder 45 x 45 cm
Material: für alle Serviettenarten geeignet

5. Die ersten beiden Ecken nach vorn schlagen und feststecken.

6. Die Serviette wenden. Das obere Dreieck nach unten (Kopf) und die beiden losen Spitzen zur Seite (Ohren) ziehen.

MEDAILLON

Größe: alle Größen. **Material:** gestärkte Stoffserviette oder Tissueserviette, am besten mit Randverzierung

1. Alle vier Ecken einer geöffneten Serviette (rechte Stoffseite unten) genau zum Mittelpunkt falten. Die Serviette wenden.

2. Erneut alle vier Ecken zum Mittelpunkt falten und die Serviette wieder wenden.

3. Wieder alle Ecken zur Mitte falten und die Serviette wenden, dann um 45 Grad drehen.

4. Die innere rechte Spitze zur äußeren rechten Ecke falten und die Spitze leicht nach außen ziehen.

5. Die anderen drei Spitzen ebenso auf die Ecken falten.

Wenn der Anlass Menükarten oder Namenskärtchen verlangt, ist das Medaillon eine ideale Lösung. Stoffservietten muss man zum Schluss etwas mehr nach außen ziehen.

CHAPEAU

1. Die geöffnete Serviette (rechte Stoffseite unten) nach oben zur Hälfte falten.

2. Die rechte untere Ecke nach oben falten und die linke obere Ecke nach unten falten, bis sie sich entlang einer gedachten Mittellinie treffen.

3. Die Serviette so wenden, dass die untere linke Ecke nun rechts oben liegt.

4. Den oberen Bruch zur Hälfte nach unten falten.

5. Das kleine Dreieck rechts oben unter der Serviette hervorholen und ganz nach unten klappen.

5. Die linke Spitze nach rechts zur Hälfte falten.

7. Das heruntergeklappte Dreieck wieder nach oben falten.

8. Die Serviette wenden.

9. Die linke Spitze nach rechts falten und unter das rechte Dreieck schieben.

10. Das Ganze um 180 Grad drehen. Die oberen Bruchkanten festhalten und die beiden Spitzen nach außen stülpen. Das Ganze zu einem Hut formen (den inneren Stoffbruch etwas nach oben ziehen) und aufstellen.

Größe: 40 x 40 cm
Material: leicht gestärkte Stoffserviette sowie Vlies- und Tissueserviette

Kleine Überraschungen oder Schmuck-elemente wie etwa Blumen sind hier bestens aufgehoben. Das feine Strei-fenmuster der hier verwendeten Serviette hebt die klaren Linien der Faltung hervor.

Größe: 40 x 40 cm. **Material:** möglichst dünne Serviette

STÄBCHEN

Mithilfe der Essstäbchen gelingt es mühelos, die Serviette sehr schmal und gleichmässig aufzurollen. Zum Essen selbst sollte jedoch vorsorglich auch noch eine Gabel eingedeckt werden.

1. Die geöffnete Serviette (rechte Stoffseite unten) diagonal hinlegen.

2. Das breitere Ende eines Essstäbchens auf die untere Ecke legen und die Serviette zu etwa einem Drittel fest aufrollen. Das Stäbchen immer wieder seitlich herausziehen.

3. Nun das zweite Stäbchen von der anderen Seite durch die entstandene Röhre zur Mitte schieben.

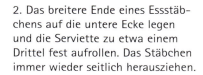
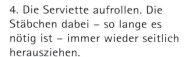

4. Die Serviette aufrollen. Die Stäbchen dabei – so lange es nötig ist – immer wieder seitlich herausziehen.

5. In der Mitte knicken und die Stäbchen etwas herausschauen lassen.

Größe: 40 x 40 cm.
Material: alle Materialien möglich, am besten jedoch gestärkte Batistservietten.

EISVOGEL

1. Die geöffnete Serviette (rechte Stoffseite unten) diagonal hinlegen. Die beiden seitlichen Ecken entlang einer gedachten Mittellinie nach innen falten.

2. Die untere Ecke nach oben falten, sodass ein ein spitzwinkliges Dreieck entsteht.

3. Das untere Teil der Serviette zu etwa einem Drittel nach oben falten. Die Serviette wenden.

5. Die beiden kleinen Ecken mit beiden Zeigefingern unterhalb der Serviette in der Mitte zusammenschieben, bis ein Dreieck entsteht.

6. Die Kanten des Dreiecks mit Hilfe der Daumen festdrücken und zur linken Seite falten.

7. Das Ganze in der Mitte nach rechts falten.

9. Danach wieder schräg nach rechts falten. Gut festdrücken. Die beiden letzten Arbeitsschritte auf der Rückseite gegengleich ausführen.

Für das Gelingen des Eisvogels ist es wichtig, dass die Brüche sehr gut festgedrückt werden.

4. Die obere Spitze bis zur Waagrechten nach unten falten. Eine Falte von ca. 1 cm Breite bilden und die Spitze wieder nach oben falten. Die Serviette wenden.

8. Die rechte untere Ecke bis zum senkrechten Bruch nach links falten.

10. In eine Tasse oder ein Glas stellen. Zur besseren Standfestigkeit kann die untere Spitze zur Seite gefaltet werden.

GEFALTETER SERVIETTENRING

Formvollendeter als mit dieser eleganten Faltung kann man das Monogramm auf einer Serviette wohl kaum in den Mittelpunkt stellen.

1. Die geöffnete Serviette (rechte Stoffseite unten) zweimal zur Hälfte falten, sodass das Monogramm auf der Unterseite liegt. Um 45 Grad drehen; die offenen Enden zeigen nach unten.

2. Das untere Dreieck etwa 2 cm unterhalb einer gedachten Mittellinie nach oben falten.

3. Dieses Dreieck entlang der gedachten Mittellinie wieder nach unten falten.

4. Das obere Dreieck bis zur unteren Spitze falten.

5. Dieses Dreieck am mittleren Bruch wieder nach oben falten.

6. Beide Ecken übereinander legen und die Serviette wenden.

Größe: 45 x 45 cm oder 50 x 50 cm
Material: nur Stoffserviette

ETUI

Die mit wunderschöner Spitze verzierte Ecke der hier verwendeten Serviette kommt durch diese Faltung voll ausgebreitet oben zu liegen. In die Tasche kann eine Menükarte gelegt werden.

Größe: 40 x 40 cm
Material: Stoffserviette mit Monogramm oder Tissueserviette

1. Die geöffnete Serviette (rechte Stoffseite unten) diagonal hinlegen.

2. Die beiden seitlichen Ecken und die untere Ecke genau zum Mittelpunkt falten.

3. Den gefalteten Teil zur Hälfte nach oben falten.

4. Das obere Dreieck nach unten falten.

Wer solche prachtvollen Spitzenservietten besitzt, kann sie mit dieser Faltung und mit ebenso edlen Gläsern kombiniert als einzige Tischdekoration wirken lassen.

SPITZFÄCHER

1. Die geöffnete Serviette mit der rechten Stoffseite nach oben diagonal hinlegen.

2. Zur Hälfte nach oben falten, sodass ein Dreieck entsteht.

3. Die obere Stofflage 5 cm über der Grundlinie nach unten falten.

4. Die Serviette wenden und den Vorgang auf der anderen Seite wiederholen.

Größe: 40 x 40 cm
Material: dünne, gestärkte Stoffserviette mit Spitzen an den Kanten oder Vliesserviette

5. Das Dreieck im rechten Winkel zur Grundlinie in 2 cm breite Falten legen (Ziehharmonika).

6. Die Serviette in einem Glas mit passendem Durchmesser drapieren.

ROMAIN

Größe: 40 x 40 cm. **Material:** gestärkte Stoffserviette sowie Vlies- und Tissueserviette

1. Die Serviette öffnen (rechte Stoffseite unten). Die beiden oberen Ecken zum Mittelpunkt falten.

2. Untere Kante in der Breite der Bordüre nach oben falten.

3. Das Rechteck bis zur Mittellinie nach oben falten.

4. Die obere Kante in der Breite der Bordüre wieder zurück zur Mittellinie falten. Wenden.

5. Beide Enden nach vorn falten und ineinander stecken. Damit sich die Faltung nicht löst, die Ecken der oberen Stofflagen zu einem Dreieck nach innen falten.

6. Die Serviette rund formen und aufstellen.

Es gibt viele Servietten mit wunderschönen Bordüren, die man nicht verstecken sollte. Diese Faltung ist eigens dazu gedacht, sie richtig herauszustellen.

Größe: 40 x 40 cm oder 45 x 45 cm.
Material: für alle Serviettenarten geeignet

FLÜGELHAUBE

1. Die geöffnete Serviette (rechte Stoffseite unten) diagonal so hinlegen, dass die Ecke mit Spitze oder Monogramm unten ist.

2. Die seitlichen Ecken bis zu einem etwa 5 cm von der Mitte entfernten Punkt nach innen falten.

3. Die obere Ecke über den Mittelpunkt nach unten falten.

4. Das untere Dreieck nach oben falten.

5. Die beiden oberen Ecken leicht schräg nach unten falten.

6. Den unteren Bruch über diese Ecken nach oben falten und festdrücken. Wenden.

7. Beide Seiten nach vorn führen und ineinander stecken.

8. Die Serviette rund formen und aufstellen.

Hier eine spezielle Faltung, um Besonderheiten wie Spitzen oder Monogramme zu präsentieren. Eine besonders hübsche Spitze kann auch etwas weiter nach oben gefaltet werden (Schritt 4).

SCHWANENSEE

1. Die geöffnete Serviette (rechte Stoffseite oben) diagonal hinlegen; die Stickerei zeigt nach unten.

2. Die beiden seitlichen Ecken entlang einer gedachten Mittellinie nach innen falten.

3. Die untere Ecke nach hinten falten, sodass ein spitzwinkliges Dreieck entsteht.

4. Die beiden Schenkel des Dreiecks noch einmal zur Mitte falten.

5. Die lange Spitze so nach unten falten, dass sie über den unteren Rand hinausragt.

6. Die Spitze etwa 2 cm vom unteren Rand entfernt wieder nach oben falten.

7. Das Ganze senkrecht nach hinten zur Hälfte falten.

8. Den Hals in einem Winkel von ungefähr 70 Grad nach oben ziehen und den Kopf nach vorn falten. Gut festdrücken.

Größe: 40 x 40 cm
Material: gestärkte Batistserviette mit Richelieu-Stickerei an einer Ecke, eventuell auch Tissueserviette

So ruhig und majestätisch wie ein Schwan auf dem Wasser gleitet, scheint auch dieses kunstvolle Gebilde über dem Tisch zu schweben. Kleine Schwäne lassen sich auch aus Papiertortendecken falten.

Ein ideales Paar (rechts): ein schöner Serviettenring und eine Serviette mit Richelieu-Stickerei. Sehr dekorativ wäre auch eine farbige Damastserviette.

BLATT

Größe: 40 x 40 cm
Material: Stoffserviette mit Spitzeneinsatz oder Stickerei oder sehr feste Vliesserviette

1. Die geöffnete Serviette (rechte Stoffseite unten) diagonal hinlegen.

2. Zur Hälfte nach oben falten, sodass ein Dreieck entsteht.

3. Das Dreieck rechtwinklig zur Grundseite in etwa 2 cm breite Falten (Ziehharmonika) legen; aber nur das untere Drittel falten.

4. In einen Serviettenring stecken und auffächern. Das hintere Dreieck zur besseren Standfestigkeit etwas zurückbiegen.

TULPE

Eine niedrige, aufrecht stehende Form, für die hier eine Serviette mit gehäkeltem Einsatz verwendet wurde. Sehr schön auch die Wirkung mit zarter Spitze an den Kanten.

Größe: 40 x 40 cm
Material: Stoffserviette mit Spitze an den Kanten oder feste Vliesserviette

1. Die geöffnete Serviette (rechte Stoffseite unten) diagonal hinlegen.

2. Zur Hälfte nach oben falten, sodass ein Dreieck entsteht.

3. Die rechte und linke Ecke zur mittleren Spitze nach oben falten.

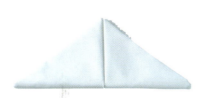

4. Serviette wenden (geschlossene Spitze zeigt nach unten). Diese Spitze nach oben falten.

5. Die linke und rechte Ecke zur Mitte führen und ineinander stecken.

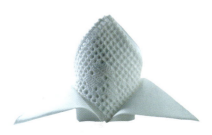

6. Die Serviette umdrehen, aufstellen und die beiden losen Spitzen nach unten ziehen.

Für die exotische Blüte sind exaktes Falten und eine leicht gestärkte Serviette – wenn möglich mit Spitze – Voraussetzung.

TROPIC

Größe: 40 x 40 cm. **Material:** dünne, leicht gestärkte Stoffserviette mit Spitzeneinsatz, eventuell auch dünne Papierserviette

1. Die Serviette so öffnen (rechte Stoffseite unten), dass die Spitzenkante rechts unten liegt.

2. Zur Seite, dann nach unten falten. Die Serviette um 90 Grad gegen den Uhrzeigersinn drehen.

3. Drei der oberen rechten Ecken diagonal zur unteren linken Ecke legen.

4. Diese drei Ecken im Abstand von jeweils 1 cm wieder zurück zur Diagonale falten.

5. Die Faltungen mit Daumen und Zeigefinger festhalten und nach oben durch die Mitte falten.

6. Die Serviette so hinlegen, dass die Öffnung nach unten und die Dreieck-Faltung nach links zeigt.

7. Die untere rechte Ecke so nach oben falten, dass die Kante parallel zum untersten Dreieck verläuft. Auf der anderen Seite wiederholen. Unten entsteht ein Dreieck.

8. Mit Daumen und Zeigefinger diese Dreiecke festhalten und die rechte Spitze so nach links legen, dass sich die Kanten am obersten gefalteten Dreieck treffen. Die Brüche gut festdrücken.

9. Die Spitzen leicht nach oben ziehen und aufstellen.

Für die Seerose sind Servietten in Pastelltönen zu empfehlen. Man kann in ihrer Mitte auch ein Brötchen servieren, wenn auf dem Tisch für den Brotteller kein Platz vorhanden ist.

SEEROSE

1. Alle Ecken einer geöffneten Serviette (rechte Stoffseite unten) zur Mitte falten. Alle Brüche gut ausstreichen.

2. Diesen Arbeitsschritt auf derselben Seite wiederholen und die Serviette wenden.

3. Ein drittes Mal alle vier Ecken zur Mitte falten.

4. Die Mitte festhalten und die unter den Ecken befindlichen Spitzen herausziehen, sodass gefüllte „Blütenblätter" entstehen.

5. Die Ecken zwischen den vier „Blütenblättern" ganz herausziehen und so nach oben biegen, dass ein Körbchen entsteht.

Größe: 40 x 40 cm oder 45 x 45 cm
Material: leicht gestärkte Stoffserviette sowie Vlies- und Tissueserviette

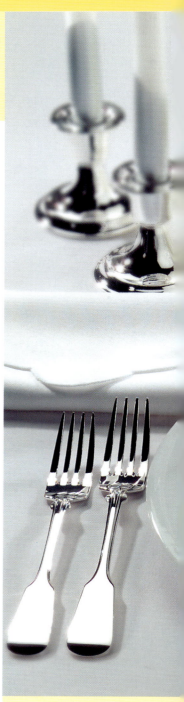

KORNBLUME

1. Die geöffnete Serviette (rechte Stoffseite unten) nach unten zur Hälfte falten.

2. Die obere Stofflage bis zum Bruch nach oben falten. Dies auf der Rückseite wiederholen.

Größe: 40 x 40 cm
Material: Stoffserviette, feste Vliesserviette und Tissueserviette

3. Nur den unteren Rand, also zwei Brüche, von der Schmalseite her zur Ziehharmonika falten.

4. Am gefalteten Rand festhalten und die vordere und hintere Stofflage nach außen zupfen. Die Serviette in einen Serviettenring oder Eierbecher stecken.

Eine unkomplizierte Form, die mit allen Materialien schnell zu falten ist. Wenn man eine blaue Serviette mit einer schmalen Spitze an den Kanten verwendet, wird die Ähnlichkeit mit einer Kornblume besonders deutlich.

DOPPELTER PFAU

Größe: 45 x 45 cm oder 55 x 55 cm
Material: sehr gut gestärkte Stoffserviette

1. Die geöffnete Serviette (rechte Stoffseite unten) in der Mitte nach unten falten.

2. Die obere Stofflage bis zum Bruch nach oben falten.

3. Die zweite Stofflage nur bis 2 cm unterhalb der oberen Kante falten.

4. Von der schmalen Seite her in 5 cm breite Falten (Ziehharmonika) legen.

5. Die Serviette an der geschlossenen Kante festhalten und am anderen Rand die Faltentiefen der beiden einfachen Stofflagen zu Dreiecken herausziehen. Eventuell bügeln.

6. Abschließend die Serviette vorsichtig auffächern und aufstellen.

Der doppelte Pfau ist gut für sehr große Servietten geeignet. Die mit feinen Zacken verzierten Ränder betonen die Faltung und lassen die Federn des Pfauenrads klar erkennen.

BLEISTIFT

1. Die geöffnete Serviette (rechte Stoffseite unten) nach oben zum Dreieck falten.

2. Von einer Ecke ausgehend die Serviette leicht schräg nach oben zu einer dicken Röhre aufrollen.

3. Die untere Kante so nach innen falten, dass eine gerade Standfläche entsteht.

Größe: 40 x 40 cm oder 45 x 45 cm
Material: dicke Stoffserviette mit Fransen

Eine derart bunte Farbmischung wie auf diesem Foto bietet sich natürlich besonders für Kinderfeste an. Dann sind verschiedenfarbige Servietten auch deshalb sinnvoll, weil sich so jedes Kind seine Serviette merken kann.

Zum Themenbereich „Gastlichkeit" sind im FALKEN Verlag erschienen:
„Kulinarischer Knigge" (7323)
„Servietten falten – 80 Ideen für schön gedeckte Tische" (1042)
„Servietten dekorativ falten" (1337)

Verlag und Autorin danken folgenden Firmen für die freundliche Unterstützung:
Duni, Bramsche
Gunther Lambert, Mönchengladbach
Habitat, Stuttgart
Kahla Porzellan, Kahla
Pichler, Laichingen
Seltmann, Weiden
Södahl Design, Hövelhof
Winterling Porzellan, Selb
WMF, Geislingen/Steige

Sie finden uns im Internet: www.falken.de

Dieses Buch wurde auf chlorfrei gebleichtem und säurefreiem Papier gedruckt.

Der Text dieses Buches entspricht den Regeln der neuen deutschen Rechtschreibung

ISBN 3 8068 7550 2

© 2000 by FALKEN Verlag, 65527 Niedernhausen/Ts.
Die Verwertung der Texte und Bilder, auch auszugsweise, ist ohne Zustimmung des Verlags urheberrechtswidrig und strafbar. Dies gilt auch für Vervielfältigungen, Übersetzungen, Mikroverfilmung und für die Verarbeitung in elektronischen Systemen.

Umschlaggestaltung: Rohwedder-Becker Büro für Konzept und Gestaltung, Mainz
Styling: Anne Paetzold, Stuttgart
Fotografie: Zuckerfabrik Digital, Stuttgart
Weitere Fotos im Innenteil: S. 9 BPK, Berlin; S.10 und 11: AKG, Berlin
Layout und Gestaltung: Anette Vogt, Anke Koblinger, Tina Scherrieble, Inkje von Wurmb (red.sign, Stuttgart)
Redaktion: Mina Langheinrich und Olaf Rappold (red.sign, Stuttgart)
Bildredaktion: Anja Knudsen (red.sign, Stuttgart)
Koordination: Winfried Schindler (FALKEN Verlag)
Herstellung: Christina Dinkel (FALKEN Verlag) und red.sign, Stuttgart

Die Ratschläge in diesem Buch sind von Autorin und Verlag sorgfältig erwogen und geprüft, dennoch kann eine Garantie nicht übernommen werden. Eine Haftung des Autors bzw. des Verlags und seiner Beauftragten für Personen-, Sach- und Vermögensschäden ist ausgeschlossen.

Satz: red.sign, Stuttgart
Gesamtkonzeption: FALKEN Verlag, D-65527 Niedernhausen/Ts.

817 2635 4453 6271